NUNO RAMOS

NO PALÁCIO DE MOEBIUS

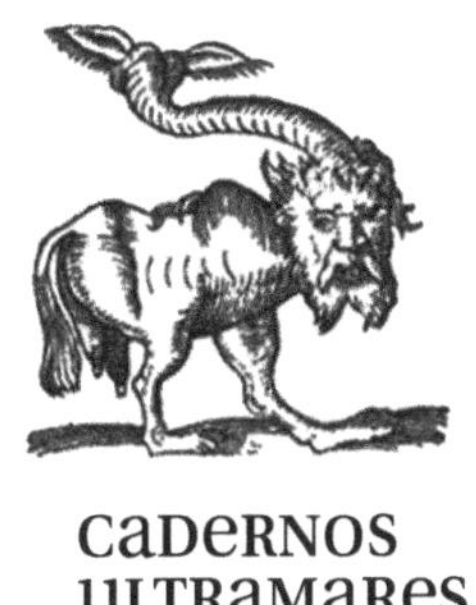

CADERNOS ULTRAMARES

ORGANIZAÇÃO E PROJETO GRÁFICO

Marcos Lacerda, Ana Paula Simonaci e Sergio Cohn

CONSELHO EDITORIAL

André Botelho

Bernardo Esteves

Boaventura de Souza Santos

Evelyn Goyannes Dill Orrico

Fréderic Vanderberghe

José Luis Garcia

Maria João Cantinho

Renato Rezende

Teresa Arijón

Vagner Amaro

ISBN 9786586962567

azougue press |
coordenação geral Sergio Cohn
coordenação editorial
Sergio Cohn — Darien Lamen — Cristián Jiménez Plaza
Brasil | CNPJ 12.272.339/0001-26
Portugal | Oca Editorial NF 515805394
USA | E. Id. 803650511
Chile | Tucán Ediciones RUT 77.369.106-1

A proposta dos Cadernos Ultramares é transpor fronteiras. Não apenas geográficas, com a edição de um amplo panorama do pensamento brasileiro para o público português, mas também entre as áreas do saber, criando uma coleção transdisciplinar, acessível não apenas para leitores especializado, pesquisadores e acadêmicos, como para interessados em geral.

Para isto, os Cadernos Ultramares privilegiam a leveza do ensaio, a "brigada ligeira", utilizando-se de um gênero marcado pela abertura e experimentação, uma forma privilegiada para a proposição e a apresentação de interpretações da cultura e da sociedade. Nos últimos anos, o gênero ensaio tem sido revalorizado como um importante meio de diálogo entre a pesquisa acadêmica e a sociedade.

O Brasil possui uma produção riquíssima de pensamento em diversas áreas, que vão da física à antropologia, da matemática às artes. Os Cadernos Ultramares, ao trazerem importantes textos de alguns dos nossos mais renomados pensadores, sejam clássicos ou contemporâneos, busca possibilitar ao leitor um olhar amplo e qualificado sobre essa produção.

Interessa-nos a constituição de um diálogo entre áreas, de uma conversa aberta que escape das armadilhas do pensamento especializado e do produtivismo acadêmico. Interessa, antes de tudo, a valorização do encontro do leitor com o sabor do texto, do prazer da leitura e da troca livre de pensamento.

apresentação
POR MARCOS LACERDA

Nuno Ramos é artista plástico, escritor, ensaísta e compositor de canções. Como artista plástico trata-se de um dos nomes mais reconhecidos pela crítica no Brasil, com importantes exposições na Bienal de São Paulo, na Pinacoteca da cidade de São Paulo, no Instituto Tomie Othake, também na capital paulista, além do Museu de Arte Moderna do Rio de Janeiro, Fundação Iberê Camargo em Porto Alegre e por várias cidades brasileiras; também teve exposições em diversos países do mundo como, para citar apenas alguns exemplos, na Inglaterra (com exposição de suas obras na Gallery 32); Itália (quando participou da Bienal de Veneza); EUA, com a exposição Milky Way, Brooke Alexander Art Gallery, em Nova York. A boa recepção crítica às suas obras como artista plástico acompanha a recepção aos seus trabalhos como escritor e ensaísta. Nuno Ramos publicou livros como *Sermões* (2015) *O mau vidraceiro* (2010), *Ó* (2008), *Ensaio geral* (2007), *O pão do corvo* (2001), *Cujo* (1993) e certamente pode ser considerado como um nome de ponta da literatura brasileira contemporânea, ao lado de escritores como Bernardo Carvalho, João Gilberto Noll e Luiz Ruffato, cujas obras representam alguns dos acontecimentos literários mais importantes do Brasil contemporâneo.

Na condição de ensaísta vem publicando textos densos em cadernos culturais como a Revista *Piauí* e o *Ilustríssima*, da *Folha de São Paulo*. Densos e com uma amplitude temática, sem recair na dispersão crítica ou na ausência de rigor conceitual, muito pelo contrário. Assim, ensaios como o que escreveu a respeito da obra de Nelson Cavaquinho ("Rugas – sobre Nelson Cavaquinho"), dos maiores artistas da canção brasileira da época de ouro, anterior à Bossa Nova, e o recente sobre João Gilberto ("Por que, afinal, João Gilberto foi um divisor de águas?"), após a sua morte, criador dos mais originais e inventivos da canção moderna brasileira, são verdadeiros tesouros de imaginação ensaística, inteligência crítica e sensibilidade estética.

Como compositor de canções, vem fazendo trabalhos significativos na canção brasileira contemporânea, através, especialmente, mas não só, de parcerias com um dos principais artistas da canção brasileira, Rômulo Fróes. Podemos destacar aqui canções como "Ó", "Barulho feio", "O filho de Deus", entre muitas outras. Em 2018 fez um álbum inteiro em parceria com

Rômulo Fróes, de forte caráter experimental: *O disco das horas*.

Neste ano de 2019, seus ensaios já publicados foram reunidos em um livro enigmático: *Verifique se o mesmo*. Nele há a presença de ensaios sobre temas dos mais variados, como cinema, canção popular, crítica de arte, futebol, literatura, entre outros. Em entrevista que deu para falar sobre este livro, se autodefiniu como intelectual errante, no sentido de um pensador muito mais da atenção flutuante do que propriamente do rigor conceitual disciplinado. Um caso expressivo é o de *Sermões* (2015) em que a experimentação da linguagem associa retórica clássica, experimentalismo modernista, filosofia contemporânea e poesia, enovelando temas centrais da vida e da experiência humanas: o sexo e a morte. Mas, voltando ao livro de ensaios, a sua abertura, "Verifique se o Mesmo (introdução)", é reveladora da forma com que o pensamento e a arte de Nuno Ramos se realizam, com o seu grau de imprevistos, sua potência estética viva e sóbria, e sua atenção ao contexto político, histórico e social do Brasil.

O texto recobre um longo período, em que se pode destacar um momento em que o país vivia, até a ascensão contemporânea vertiginosa da aliança entre o neoliberalismo e o neofascismo, uma espécie de euforia por um período de estabilidade institucional e democrática, após o longo e penoso inverno da ditadura civil-militar que tomou de assalto o país por mais de duas décadas. Com a abertura democrática, após o fracasso político do primeiro governo civil de Fernando Collor de Mello (1989/1992), tivemos duas extensas gestões que representavam, a princípio, expressões político-ideológicas civilizadas: a centro-direita com o reformismo institucional de Fernando Henrique Cardoso (1995/2003), e a centro-esquerda com o reformismo social de Luis Inácio Lula da Silva (2003/2011). Em 16 anos o país parecia caminhar para uma solução possível em relação aos seus impasses sociais aparentemente insolúveis, ainda que através de um pacto de conciliação de classes que amenizava, ou recalcava, os conflitos sociais que estavam à espreita, à espera de serem revelados na crueza da sua realidade concreta. No entanto, a despeito de um certo otimismo, comedido ou não, tínhamos, no mesmo momento em que estaríamos em processo de estabilização de nossa vida democrática, uma das maiores taxas de assassinatos no mundo, com crescente ações de execução sumária seja das polícias civil e militar, seja dos grupos associados ao crime organizado. Algo parecia errado, ou não condizia com o clima de euforia após o processo de redemocratização da sociedade brasileira e a aparente civilidade institucional e reformista. E era justamente esta violência difusa que diariamente aniquilava vidas de pessoas, como se fosse a expressão do recalcamento dos conflitos sociais inconciliáveis. Uma das obras de Nuno Ramos, *Bandeira Branca*, exposta em 2010 na Bienal de São Paulo, apresentava este desconforto, entre urubus e canções populares.

Após passar por autores como Raimundo Faoro, cuja tese do patrimonialismo brasileiro é uma das mais instigantes para pensar a formação mais propriamente estrutural do país, e Machado de Assis, nosso maior escritor, cujos romances e contos revelavam a complexidade dessa mesma estrutura social, Nuno Ramos apresenta uma tese própria e não menos instigante. No fundo, o pacto de conciliação de classes brasileiro, banhado em muito sangue, é considerado, pelo autor, como uma espécie de desejo entrópico de afirmação do Mesmo que se nutre, como parece lógico, de um enovelamento permanente em si, eliminando qualquer possibilidade de aparição de diferenciações que, seguindo a mesma lógica, só seriam possíveis com a explicitação dos conflitos inconciliáveis que demarcam uma sociedade profundamente desigual e altamente complexa, como é a brasileira. Foi este pacto que fundou o período de pretensa estabilidade institucional. O que veio depois, embora pareça ser um corte no pacto, soa mais como uma das movimentações de afirmação do Mesmo, em roupagem contemporânea, associada ao advento lancinante das redes sociais digitais e sua lógica dogmática de certezas reproduzidas permanentemente num circuito de algoritmos autorreferentes cuja lógica principal é a reprodução do Mesmo. Como diz o autor: "A crise inevitável só pode ser aliviada pela expiação, pelo *scape goat*, ou seja, pela atribuição cíclica da culpa sacrificial. Pois com o sacrifício final, depois da violência, os siameses se separam, a diferença se instaura e o imobilismo do desejo-em-cópia, da mimese entrópica, começa seu processo cumulativo de novo.". O corte é muito mais conjuntural (a aliança entre centro-direita de FHC e centro-esquerda de Lula), do que estrutural.

Isso se deu, pensando em chave histórica, num primeiro momento, com as chamadas "jornadas de junho" de 2013, bastante heterogêneas, em meio ao primeiro governo de Dilma Rousseff (2011-2015) que deram lugar às grandes manifestações da direita brasileira em 2015 e 2016, culminando no golpe parlamentar de 2016, recheado de cinismos e hipocrisias, e na aparição de movimentações identitárias que abrangem variações ideológicas, da esquerda à extrema-direita, "com sua dança das mil lâminas apontadas para todos os lados, imobilizando seus interlocutores em identidades igualmente rígidas, embora adversárias", conduzindo, por fim, ao atual estado de coisas, impreciso, imprevisível, que viu emergir, de súbito, uma nova elite política dirigente francamente extremista, anarcocapitalista e nostálgica dos porões da ditadura civil-militar de 1964, em aliança, é preciso que se diga, com o reformismo neoliberal. E que pretende, em nível ainda mais violento, refundar o pacto e retomar o seu mimetismo entrópico, a reprodução da sua afirmação do Mesmo.

Entre o conjunto de textos que formam o livro, e que acompanham este processo, está o ensaio "No palácio de Moebius", selecionado para a coleção Cadernos Ultramares, e que pode ser considerado um dos gestos mais significativos na tentativa de interpretar o Brasil através das criações artísticas na literatura (Machado de Assis, entre outros), nas artes plásticas (Mira Schendel, entre outros), na arquitetura (Oscar Niemeyer, entre outros) e na canção popular (João Gilberto, entre outros). Nele, Nuno Ramos sugere que existiria um traço característico das grandes obras artísticas e de pensamento no Brasil, revelador dos limites do próprio ambiente cultural e social da sociedade brasileira: o impulso para a exteriorização, no sentido de criação com ambição cosmopolita tem como resposta uma interiorização, ou se quisermos, um retorno para si, um voltar-se para o próprio interior, tanto no sentido formal como inclusive temático. A possibilidade da explicitação de diferenciações dá lugar à reprodução do Mesmo. A imagem ideal escolhida para explicitar este traço é a banda de Moebius, em que um movimento para-fora encontra limite no próprio movimento, o que o faz retornar e não realizar de todo a sua potência de afirmação de si. No entanto, é através deste movimento que se criou, no Brasil, obras de arte e de pensamento originalíssimas e de ponta, como no caso dos traços arquitetônicos de Niemeyer; no canto de João Gilberto, nos romances de Machado de Assis, na arte de Mira Schendel. É como se o palácio de Moebius da cultura brasileira fosse o espaço complexo para a explicitação das ambivalências da sociedade brasileira que se revelam de modo sutil e decisivo no núcleo formal de algumas das obras artísticas mais fundamentais feitas por brasileiros e, como nada é fácil neste mundo, com gosto notavelmente cosmopolitas.

NO PALÁCIO DE MOEBIUS

1. Moebius

Em 2001, ao escrever sobre Hélio Oiticica, deparei com o que me pareceu um paradoxo — o impulso *para fora*, a vontade de colocar a obra diretamente no mundo, no exterior de qualquer moldura física ou institucional, que acabava criando dobras, cavidades, fendas, ninhos; a atividade alardeada, contraposta ao que seria passividade nos trabalhos tradicionais, transformava-se em repouso, sono, preguiça, conforto.[1] Creio que o momento exato em que essa ambivalência nasce pode ser assinalado na passagem dos *Bilaterais* (1959) para os *Relevos espaciais* (1960) — ali, à dimensão quase bidimensional (a soma da espessura de duas superfícies de madeira de compensado), é sobreposta uma fenda, uma dobra, um interior. Destas

---

1Jornal do Brasil, 2001. Republicado em Ramos, Nuno. *Ensaio geral.* São Paulo: Editora Globo, 2007. A idéia também está presente em Naves, Rodrigo. *A forma difícil: ensaios sobre arte brasileira.* São Paulo: Companhia das Letras, 2011.

pequenas frestas, que os *Relevos espaciais* instauram, sai toda a obra de Helio Oiticica (e parte da arte contemporânea brasileira), num impulso de interiorização constante que somente as *Praças*, quase dez anos depois, vão em alguma medida interromper.

Creio que este chamado *para dentro* é uma característica central da nossa cultura, ao menos em seu período moderno. Resumindo o argumento, seria resultado da absoluta falta de ressonância do objeto cultural na vida em que se insere. O artista recuperaria, como um Orfeu que *sempre* olhasse para trás, a energia que emitiu — e que nunca chegou efetivamente do outro lado. Viria daí um movimento em suspenso, indeciso entre ir e vir, característico de boa parte do que fizemos de melhor — da euforia de Brás Cubas, que não sabe se começa seu livro pelo nascimento ou pela morte, até o fundo infinito, ou suspensão do conflito entre horizontais e verticais, que marca boa parte da obra de Oscar Niemeyer; das pinturas mondrianescas de Milton da Costa, que não irradiam para fora mas dividem para dentro,[2] em interiores comparáveis

2 "Milton da Costa [...] praticamente inverte o sentido da arte de Mondrian. Suas composições e construções da década de [19]50 criam uma espacialidade negativa, que retira seu poder da capacidade de subdividir-se progressivamente, em lugar de projetar para fora." Ibidem, p..

às obras posteriores de Hélio Oiticica e Lygia Clark, às colunas de Sergio Camargo, que, comprimidas, perdendo energia cinética, padecem, ao contrário de seu modelo brancusiano, de uma explícita falta de infinitude, desabando afinal (nos "Lápis" do final da vida) sobre si mesmas em circuitos de retorno quase perfeitos — ou, ainda, no *loop* de João Gilberto cantando, nas "Águas de março" de Tom Jobim, o infindável presente do indicativo do verbo ser. Em todos esses exemplos, certa dificuldade de expansão, de exteriorização, de embate com o mundo, retorna como energia narcísica para a própria obra.

Machado de Assis não terá como intuição fundante de sua longa carreira de bruxo a ficcionalização desta dificuldade? O *leitor/leitora* mencionado tantas vezes em seus contos e novelas não é justamente aquilo que lhe faltava — opinião pública, embate ideológico consistente, em suma: alguém do outro lado? Difícil não perceber, nesta parentética infindável entre narrador e leitor, como um circuito paralelo cavado a cada demanda do entrecho, o grão de sal de sua originalidade, a partir do qual a assombrosa astúcia e reflexividade de sua obra se firmam e projetam. Claro que muitas vezes o impulso explicitamente *para fora*, em busca do real, será o núcleo de algumas de nossas melhores obras — de Euclides, de Drummond e de

Graciliano, por exemplo. Mas ainda aí, como espero mostrar no caso de Graciliano, a forma em paradoxo de um retorno, de uma recuperação da energia que se emitiu com a própria obra, deixa-se entrever.

A este interior espacial, que tomei por modelo a partir da obra de Hélio Oiticica, pode ser sobreposta ainda uma dimensão temporal — aqui, é mais a duração sem limite da operação que salta à frente, numa suspensão do relógio poderosa e original. Lygia Clark, em *Caminhando*, trabalho de 1962, propõe abrir com uma tesoura um anel de Moebius, fita em que verso e reverso são intercambiáveis. Levando o raciocínio ao limite (e caso a lâmina da tesoura fosse infinitamente fina), a fita teria o tamanho do mundo. Deslizaríamos entre o dentro e o fora, entre a frente e o avesso, sem saber já de onde viemos, mas sempre retornando (há um anel sendo aberto); tudo em nossos passos seria continuidade sem sobressaltos; o próprio tempo estaria suspenso, já que perderíamos nossa origem e nosso destino.

Este hiato no tempo, que *Caminhando*, de Lygia Clark, torna quase didático (há fotos da artista ensinando literalmente a abrir o anel), parece solicitado por muita coisa que fizemos, desde a geologia cambriana com que Euclides da Cunha abre seu livro, passando pelas larvas, pólipos e moneras de Augusto dos Anjos ("Venho de outras eras/do cosmopolitismo das moneras/pólipo de recônditas reentrâncias/larva de caos telúrico procedo"), até a epifania escatológica de Clarice Lispector, na forma de uma barata devorada em câmera lenta no quarto de empregada de um apartamento no Rio de Janeiro (em *A paixão segundo G. H.*, de 1962, que não deixa de oferecer certa premonição dos trabalhos que Lygia Clark faria em Paris poucos anos depois). Há talvez uma brecha aí, um *desejo de extemporaneidade*, para fora do momento contemporâneo, que a produção de um país periférico tenta continuamente conquistar (e, de novo, vale lembrar aqui o delírio de Brás Cubas ou as diversas fantasias com o tempo e a história universal que atravessam a obra de Machado de Assis).

Acho importante frisar que este circuito interno, ou aproveitamento narcísico de uma energia sem dissipação objetiva, parece ter data — se fôssemos tomar obras de arte como marcos temporais, elegeria o período entre as *Memórias póstumas de Brás Cubas* (1880) e o chamado "álbum branco" de João Gilberto (*João Gilberto*, 1973). As obras de Glauber Rocha e Caetano Veloso fazem a meu ver a passagem *para fora* desse circuito, embora tenham ainda um pé dentro dele. Se guardam certa paranoia e megalomania latentes, num agigantamento desesperado do eu (no primeiro caso, vulcânico e apocalíptico; no segundo, doce e integrado), é porque saíram do circuito de retorno e agora devem reconstruir o mundo depois da catástrofe: "Mais poderoso/Para o filho dos homens/Mais esplêndido/Constrói-o novamente/Em teu próprio seio constrói-o de novo" (Goethe, *Fausto*, Parte 1, Cena 4). "E o paranoico constrói-o (o Mundo) de novo, não mais esplêndido, é verdade, mas pelo menos de maneira a poder viver nele mais uma vez."[3] Acho difícil perceber na arte brasileira dos últimos 30 ou 40 anos quaisquer sinais de Moebius.

Nos ensaios que seguem, procurei apresentar este circuito moebiusiano em um de seus núcleos mais perfeitos (a obra de João Gilberto, em especial seu "álbum branco", objeto do primeiro ensaio) e em três artistas tão diversos quanto Lygia Clark, Graciliano Ramos e Mira Schendel (servindo-me para isso de um assunto insuspeitado nas três obras — a pedagogia, a alfabetização, a leitura). A verdade é que há alguns anos venho tentando escrever um livro ambicioso, que pensei chamar de *No palácio de Moebius*, abordando a partir dessa perspectiva um elenco

3 Freud, Sigmund. *O caso Schreber*. Rio de Janeiro: Imago, 1996, p. 87.

enorme de autores. Apesar de páginas e páginas de
anotações, a tarefa mostrou-se inacessível às minhas
capacidades. Talvez os quatro ensaios, que resgatei do
naufrágio desse projeto, possam valer como sinal da
riqueza do tema que me guiou. No fundo, tentei en-
contrar num mecanismo narcísico uma fonte de potência que fosse capaz de reverter uma desgraça para
o artista — criar sem dimensão pública consistente —
em liberdade extrema. Com isto, ainda que de forma
bem mais melancólica, creio que retomo em alguma
medida aquela inversão súbita, já tantas vezes tenta-
da (pensem em Oswald de Andrade ou no Tropicalis-
mo), que torna positivos nossos defeitos.

2. Girando na vitrola sem parar (João Gilberto)

O "álbum branco" de João Gilberto é provavelmente o ponto culminante da canção brasileira. Não
que faltem candidatos — mas é que nele a ambivalência entre o provinciano e o cosmopolita, o samba
e o jazz, o modal e o tonal, o superficial e o profundo,
o novo e o antigo, que parecia a grande conquista da
bossa nova, acaba por formar um amálgama em que
os pares não podem mais ser individualizados, como
um precipitado químico que formasse afinal uma ter-
ceira substância. O que parecia sucessivo sobrepõe-

-se numa matéria só — espessa, lenta, grave, sóbria. A originalidade de João Gilberto, agora vestida somente por seu violão e um estranhíssimo chimbau (na verdade, uma lixeira de vime furreca, tocada pelo baterista Sonny Car[4]), jamais se deixará entrever de modo tão nítido.

A harmonia em João Gilberto, como se sabe, parece muitas vezes adiantada, como uma equipe de batedores que investigasse o caminho antes da passagem da melodia, ou atrasada, como se examinasse o que ela deixou para trás. Na faixa "Na Baixa do Sapateiro", de Ary Barroso, na qual está sozinha (não há canto nem letra), ela acaba contrapondo-se à temporalidade absurda do chimbau, que bate num acúmulo rítmico tal que, como chuva caindo na calha, já não parece pertencer à canção, mas à própria natureza. O passageiro da harmonia (a melodia) nesse caso vira o próprio tempo, compreendido como *loop* arbitrário. Esse chimbau (presente em quase todas as faixas) é o estado puro daquilo que a orquestração, sempre um pouco duvidosa na obra de João Gilberto, procura disfarçar — que a harmonia do violão não se refere a nada além da *duração* daquela melodia que o cantor

---

4 Ver entrevista do instrumentista em Garcia, Walter. *João Gilberto*. São Paulo Cosac Naify, 2012. p. 104.

canta, e que ele a reinventa e atualiza, com variações mínimas, enquanto canta, podendo repeti-la infinitamente; que o tempo abstrato é o seu elemento. A riqueza harmônica de João Gilberto não vem tanto da ampliação do possível da melodia, seu deslizamento por intervalos que vai deixando para trás, mas de sua ligação secreta, posta afinal diante de nós, com o núcleo profundo de toda música: o tempo.

O canto de João Gilberto não é o canto do Intérprete, mas o do Autor.[5] Ele não interpreta, compõe — está compondo de novo, agora à nossa frente, e em *loop*. Ao menos para quem usa o instrumento, a separação entre melodia e harmonia não é própria exatamente do ato de compor? Não é necessário, para compor, discrepá-las um tanto, adiando a convergência? É esse ato que sua interpretação visita, abrindo novamente a canção, tornando fluido o que parecia ter-se fixado. Se o que há de mais intenso na canção brasileira é o número verdadeiramente absurdo de compositores extraordinários (muito maior do que o de intérpretes extraordinários), é isso justamente o que João Gilberto (o mais extraordinário de nossos intérpretes) parece ter mimetizado. Esse núcleo em que o ato criador retorna é sua mágica, unindo-o de certa

5 Luiz Tatit chama João Gilberto de "reautor".

forma às experiências de vanguarda de sua época (Lygia Clark e Hélio Oiticica, por exemplo, mas também a Performance, Ives Klein e Beuys, o Living Theater, John Cage), mas fora de qualquer contorno comportamental ou antropológico — ao contrário, isolado em Juazeiro, em Diamantina, num apartamento do Leblon ou na luz circular de um palco.

A harmonia e a melodia, revezando-se como fundo e figura numa modulação sem fim, parecem ainda não de todo formadas, como uma pegada mal impressa na areia. Por isso ao longo de sua carreira o canto de João Gilberto vai tornando-se tão grave, e tudo em seu trabalho (em especial nesse álbum) parece comprimido, ou aparecendo a partir da *compressão* — para que a independência entre os momentos não se torne estridência ou individuação arbitrária. Pois tudo de fato depende de seu canto — as partes em que ele se ausenta, em que a melodia é dada pela orquestra, fixando-se, portanto, são muito menos emocionantes. Dotado de uma expressividade nada neutra mas sempre comprimida e quase soterrada, seu canto abafa em alguma medida a melodia, obrigando-a a migrar para trajetos harmônicos igualmente comprimidos, num violão sóbrio e quase impassível em seu retorno. A garganta de João Gilberto parece uma gruta física, espessa e cheia, com ventilação e microorganismos próprios, na qual o ar arranha enquanto alcança a nota. Seu canto, assim, quase para diante de nós, numa imobilidade física, numa gravidade austera, de que a canção popular nunca ouvira falar e que é difícil imaginar se repita. O que se formula aqui é um impasse doce, querendo eternizar-se em *loop*, como um momento máximo de tensão que pela própria duração pudesse descansar. A canção não nos envolve a todos, como tantos sambas fazem, numa passagem súbita do individual ao fraternal coletivo (basta pensar num samba-enredo). Ela paira sobre nós como uma nuvem se formando, indecisa mas contrita, sem saber se nos inclui. De certa forma, a canção inteira virou harmonia, um possível comprimido que parece ter escapado ao que efetivamente se tornou possível — a melodia e a letra que acabou de veicular. Por isso quer tentar novamente, repetindo-se. Talvez não seja de todo absurdo dizer que João Gilberto *canta a harmonia*.

Para isso, todos os elementos devem estar rigorosamente equalizados (de novo, a orquestração muitas vezes parece escapar ao esquema) — inclusive a letra. Na obra de João Gilberto, há pouquíssimos momentos recitativos, em que a intenção do texto se destaca — em que a entonação de uma palavra venha carregada de um sentido autônomo (o "lobo bobo" entoado ao final da canção homônima, de Carlos Lyra e Ronaldo Bôscoli, é uma exceção). Não, a letra é uma espécie de fluxo, às vezes dita num só impulso, como se houvesse uma energia constante, imutável, atravessando toda ela. Daí que possa cantar em diversas línguas (inglês, francês, espanhol, italiano) sem tanto prejuízo, ou mesmo não cantar letra nenhuma (*A rã*, *Acapulco*, *João Marcelo*). Não há palavras-chave nem crescendo e a canção não fecha (daí o *loop*). Com isso, há uma espécie de conquista em segundo grau do desenho da canção, deslocando aquele contorno fluido entre a melodia e a letra, próximo da fala cotidiana, típico da melhor canção brasileira (Noel e Caymmi, por exemplo) — deixando, em vez disso, a alternância de foco entre harmonia e melodia prevalecer. O contrário disso poderia ser visto nas interpretações de Maria Bethânia ou mesmo de Elis Regina. Ali, a letra cria microambientes a partir dos quais a intérprete se esbalda, fantasiando o que a letra lhe sugere (ironia, ternura, gravidade). Em João Gilberto, ao contrário, a letra perde momento para ganhar duração.

Tudo em João Gilberto quer de fato durar. Sua obra é uma máquina de duração, um gozo modesto, feito a partir de uma equalização extremamente rigorosa entre as partes que compõem o trabalho — devidamente comprimidas, podem agora retornar e retornar. Alguma coisa ali encontrou *escala*, e por isso pode durar. Sob a regência do diminutivo e dos graves, mas podendo pular aos agudos e a estranhas hipérboles (ver o verso "tem passarada/tem alvorada/ao amanhecer", de "Ave Maria no Morro", de Herivelto Martins, no álbum *João*, de 1991), as tensões com os modelos musicais (jazz, bolero, samba antigo, canção americana clássica), com nosso querer-ser, nossa passagem do populismo à democracia e dessa à ditadura, com a indústria cultural que nascia em escala avassaladora, com os contrastes e os confrontos, com as promessas infindáveis e contraditórias que pululam em nossa história parecem todas enfim equalizadas e em *loop*, rodando à nossa frente enquanto duram e duram.[6] Talvez não seja então de todo exagerado falar aqui, mais do que em Moebius, num nietzscheanismo de periferia, que precisou achar antes a escala e a pro-

6 Vale a pena citar longamente o excelente ensaio de David Treece, "No avarandado do amanhecer: o tempo suspenso em João Gilberto (1973)", contido em Garcia, Walter. *João Gilberto*, op. cit., p. 382: "Em meados do século XX, um momento crucial do desenvolvimento do Brasil, quando a expectativa de superar o fardo de seu legado pré-moderno, subdesenvolvido, rural parecia estar mais perto de ser alcançado, e o slogan desenvolvimentista 'cinquenta anos em cinco' prometia quase que literalmente acelerar o tempo histórico, a bossa nova convidava os jovens brasileiros a ficarem calmos, manterem a cabeça fria e resistirem à compulsão de aderir à pressa impetuosa do progresso e, em vez disso, viverem o momento, a atualidade do 'agora'."

porção de cada elemento para propor o que realmente propõe (parodiando a frase famosa de Nietzsche[7]): *cantar de tal modo que tenhas de cantar outra vez, esta é a tarefa.*

Pois, de fato, com *Chega de saudade* (1959), toda a canção brasileira ganha uma *segunda chance* — quando João Gilberto interpreta "Aos pés da cruz", de Marino Pinta e Zé da Zilda, ou "É luxo só", de Ary Barroso, a *história* nasce em nossa canção. Mas já nasce como retorno, e é a partir desse retorno que consegue se perceber como progresso. Tudo o que foi oferece-se novamente, podendo ser revisto, recantado, colocado no circuito não natural daquela harmonia dissonante, daquela voz que, se de um lado corrige os trejeitos do bolero e do samba-canção, de outro cria estranhíssimas dicções e manias, daquele violão que abre o tempo para minuciosos circuitos e intervalos, fugazes labirintos internos que a batida tradicional do samba não conseguia escutar.

Para isso, é preciso erguer um lugar de onde olhar. A personalidade incrivelmente discrepante de João Gilberto, retalhada em manias e miríades de histórias folclóricas, parece isolá-lo num perfeccionismo

---

7 "Viver de tal modo que tenhas de viver outra vez, esta é a tarefa." Nietzsche, Friedrich. *O eterno retorno*. Trad. De Rubens Rodrigues Tores Filho.São Paulo: Abril Cultural, , ano[1881], p. 390.

perfunctório, mas não devemos perder sua intenção. João Gilberto sempre teve um *projeto*, e é para levá-lo adiante que se protege em batalhas contra o ar condicionado e ruídos que ninguém escuta. A perfeição é seu modo de colocar-se fora do que pareceria natural[8] (o ar condicionado não cria uma estranheza na própria atmosfera, tornando-a passível de ajuste?), descomprometendo-se disso, insinuando que o silêncio é feito de sambas mínimos e os sambas, de ruídos horríveis. A verdade é que depois dele toda a riqueza acumulada de meio século de composições (e de circulação dessas composições) *perdeu a naturalidade*. E aquela voz pequena e algo fanhosa, aquela cara de dor emitindo o som mais doce, aquele batuque de pulmão — agora, eles é que parecem (não parecem?) *naturais*.

Chico Buarque, como continuidade, e Caetano Veloso, como ruptura, compreenderam com mais força do que seus companheiros de geração (e por isso

8 "Sem passar pelo profissionalismo, João Gilberto ultrapassa-o, levando o caráter do diletante ao limite extremo da rarefação — pois é diletante também aquele que leva o acabamento do produto muito além das exigências do mercado. A perfeição de João Gilberto, nascendo não de um meio, mas de uma intransigência pessoal, carrega objetivamente os estigmas da obsessão." Mammi, Lorenzo. "João Gilberto e o projeto utópico da bossa nova". In: Garcia, Walter. *João Gilberto*, op. cit., p..

o momento produtivo de suas obras vem durando mais) o significado dessa tarefa. São, ambos, compositores da história, debruçando-se diante de todos os estilos e antecessores como diante de um banquete. Mas já não acessam aquele circuito de retorno, aquela fita de Moebius abrindo-se infindavelmente. Para João Gilberto, fazer história é também colocar-se fora dela, "girando na vitrola sem parar" (o verso é de Caetano Veloso na música "Saudosismo"). O grande revolucionário da canção quer reencontrá-la infindavelmente, macerando-a, comprimindo-a, fazendo com que dure. Há, talvez, um projeto incrivelmente original aqui — acumular o que já foi numa camada tão espessa, rouca, imóvel e perfeita, e comprimi-la numa nota tão completa que não restasse a ela senão *durar*.

Neste sentido, difícil deixar de ver no desafio de cantar "Águas de Março", de Tom Jobim, um momento máximo da poética de João Gilberto. Nesta canção verdadeiramente extraordinária, construída em torno à partícula "é", todos os substantivos parecem igualmente acessíveis — sempre no singular, tudo é passível de nomeação, do mais trivial (*pau, pedra*) ao mais indefinido (*um pouco sozinho; mistério profundo*). O sol de meio-dia do presente do indicativo do verbo ser banha o mundo inteiro, cada bicho, cada pedra. Isto aqui é, aquilo ali é também, e o resultado forma um conjunto em fuga, indeciso e aberto — trata-se da reforma de uma casa? da descrição de uma paisagem? do sentimento da solidão? O único plural na canção é água ("são as águas de março fechando o verão"), elemento que justamente não se diferencia por isso (tanto faz se são as águas ou se é a água do oceano Atlântico que banha o litoral). Assim, de um lado, tudo podemos acessar: basta atrair para a partícula verbal; de outro, desde a diferença entre o singular e o plural, tudo está aprisionado em sua própria aparição: éééééé indefinidamente. Estamos próximos demais daquilo que nomeamos, e precisamos da modulação milimétrica do canto e do violão para criar pequenos buracos e perspectivas, enxergando assim um pouco fora de nós, formando frágeis blocos de significado que a próxima enunciação logo desfaz. Moebius.

3. Aprender a nascer — Lygia Clark

Ao suprimir a moldura,[9] as primeiras obras de Lygia Clark tornam a tela contígua ao real. O passo seguinte será acabar com divisões e subdivisões inter-

9 A ideia é de Ferreira Gullar, desenvolvida no artigo "Lygia Clark, uma experiência radical". *Suplemento Dominical do Jornal do Brasil (SDJB)*, Rio de Janeiro, 21 de março de 1959.

nas, transformando-as em superfícies inteiriças (*Casulos*), e entender então o objeto plástico como um acionador do real, uma chave que liga um motor algo passivo, à espera dele (*Bichos*). A ideia de *ação* entra naturalmente em cena: alguém deve ativar aquelas superfícies, que ganham, no entanto, certa passividade complementar. Ao contrário do construtivismo, que via a si mesmo como modelo a ser reproduzido industrialmente no mundo novo, Lygia Clark vai direto ao aqui/agora de seu país, entregando o objeto estético ao público sem qualquer mediação — de um lado, o que seria derrota (falta de meio institucional/industrial para fazer ecoar e reproduzir o "biscoito fino") dá um salto triplo criativo, ganhando potência e originalidade. A nitidez e a singularidade do percurso de Lygia Clark, sua diferença com os autores que a influenciaram, são marcantes; os *Casulos*, os *Bichos*, *Caminhando*, em sua disponibilidade construtiva, renovam decisivamente o repertório formal disponível (será possível produzir agora, no sentido mais tradicional, sem trombar com alguma posição esquecida de um *Bicho*?), e fazem de Lygia Clark, para sempre, uma espécie de bruxa fundadora da arte brasileira contemporânea, em seus dilemas e riquezas. Esses trabalhos são abertos demais, instáveis demais, inquietos demais — tudo, depois deles, parece possível, e a energia dessa disponibilidade ainda ecoa em todos nós, artistas brasileiros contemporâneos. Por outro lado, e isso é essencial ao projeto, a obra reduz sua presença, ou perde momento, passando a ser veículo transitivo para o *ato* do espectador. Com isso, os dilemas do construtivismo numa sociedade que começava a industrializar-se ganham um contorno novo. A originalidade da obra dá um salto quântico no mesmo momento em que, em alguma medida, renuncia a si mesma, entregando-se a seu duplo — o espectador.

Quando, em *Caminhando* (1962), Lygia Clark abre o anel de Moebius com uma tesoura (anel presente já no trabalho de Max Bill, Pevsner e Gabo, caracterizado pela reversão contínua entre o interior e o exterior, o dentro e o fora, o sujeito e o objeto), seu trabalho tem um ponto de inflexão: levar a ideia até o limite, cortar infinitamente o anel sem rompê-lo, faria com que mundo e anel coincidissem. No entanto, *ainda assim haveria circuito, retorno* — o mundo inteiro é que estaria posto nele. A liberdade do sujeito fusionado ao real, caminhando numa fita em que não precisará saber se está do lado direito ou avesso, no alto ou embaixo, de pé ou deitado, permanece, no entanto, posta num circuito, como um eco de fundo de que não pode escapar. Este circuito preserva-o em alguma medida, desconectando-o do estar aí imediato da vida. A potência da arte e a derrisão do real, cuja junção era a hipótese de partida, ganham intervalo. A ação do espectador, solicitada de início, dá-se na verdade nesse retorno. Um pouco como para o jovem Sidarta (antes de conhecer a morte, a velhice e a doença, e partir para sempre do castelo do pai), será dentro do castelo de Moebius que a vida se apresentará. Podemos dividir nosso caminho em passarelas mais e mais estreitas, alcançando uma extensão cada vez maior; podemos acreditar que a linha do horizonte tem o tamanho do anel. Pode o céu virar chão, o sertão virar mar, o corpo, cosmos, a entranha, pele e o olho, rim. É num circuito anterior a elas que estas passagens vão se dar.

Há por isso no trabalho de Lygia Clark certa anemia do momento, uma homogeneização daquela diferença que a obra, no entanto, solicita. A posição atual do *Bicho* não o perturba tanto. A de um móbile de Calder também não, mas há num móbile justamente uma continuidade de aspectos vinda de um movimento que a gravidade, e não a liberdade humana, produz na obra. No caso dos *Bichos*, ao contrário, o ato do espectador é chamado; deve acordar o *Bicho* de sua passividade reificada, pô-lo em alerta, moldá-lo a seu capricho e circunstância. Mas será? Não haverá um circuito de retorno ali também? Por mais brilhante que seja cada posição, a ausência de fixação (a estrutura-dobradiça da obra) e a iminência da próxima configuração não recolhem o que aquele momento prometeu? Suas possibilidades de movimento não são no fundo semelhantes às de sua imobilidade e descanso? O *Bicho* já não nasceu com o ciclo de suas possibilidades enunciado? Não *ensinaram* isso a ele, e ao espectador que mexe nele? Para que a *invenção*, tema central e inovador de todo o trabalho de Lygia, ganhe protagonismo, o *inventado* escorrega, transita, cede, perdendo escala, peso, matéria.[10]

Há uma *pedagogia* no trabalho de Lygia Clark, em especial na última fase, em Paris, que parece querer apropriar-se disso. Ensina-se a tocar, ensina-se a devorar a si mesmo, ensina-se a nascer. Este movimento da última fase tenta reunir o que se dispersou excessivamente, numa espécie de anti-*Caminhando*. A *passividade*, inimiga dos trabalhos iniciais, será a matéria positiva da fase final.

O percurso seria o seguinte:

1) Ao abolir a moldura, a obra de Lygia Clark adquire um insofismável viés público, profundamente inovador e radical. Afinal, é a fronteira entre espaço de obra e espaço do mundo que está sendo rompida,

10 "A trajetória de Lygia Clark tomou o caminhar da criação como sua própria questão". Tassinari, Alberto *Lygia Clark*. Guia da Artes Plásticas, v. 2, n. 8-9, p., 1988.

numa antecipação de algumas conquistas minimalistas. A mim parece uma originalidade e um paradoxo brasileiros que este impulso *para fora* tenha terminado numa poética das entranhas, do nascer, do devorar a si mesmo. Sem qualquer moldura, a obra avizinha-se do mundo. Como o mundo não responde, alguém anda dentro dela (*Caminhando*), duplicando seus passos em paralelo ao real, fazendo com que a obra se reduza a seu próprio ato ("Diz que fui por aí", o samba de Zé Ketti, daria um bom título). Como o mundo ainda assim não responde, esse alguém vomita, nasce, baba, goza — torna-se o próprio mundo.

(Ao seu narcisismo corresponde, claro, uma surdez de paredes do outro lado. A descoberta dessa espécie de solipsismo objetivo, solipsismo das coisas e não do sujeito, típico da vida social brasileira, é uma das grandes conquistas do trabalho de Lygia, que tem força suficiente para fazer o real declarar, num movimento de jabuti, a espessura de sua casca e a indiferença de seu casulo. Não é à toa que seus títulos pertencem à biologia mais do que aos humanos [*Ovo, Casulo, Bicho, Objetos relacionais*], numa procura por diálogo não com outro público, mas com outro Reino.)

2) Os trabalhos de Lygia em Paris, a partir do início da década de 1970 (a fase sensorial do *Ovo-Mortalha*, da *Casa é o corpo*, da *Baba antropofágica*, da *Ar-*

quitetura biológica, dos *Objetos relacionais*), tentam reunir de volta o que havia se dispersado excessivamente. Cessam os passos que caminham pelo mundo afora. O corpo do espectador-artista agora está totalmente abraçado pela obra, quase imobilizado por ela. Recebe filtros de sua psicóloga-educadora em todos os buracos, ânsias e gestos — filtros que são, muitas vezes, réplicas de seus próprios órgãos. Talvez a pedagogia (mais do que a psicologia) seja a última estrutura, a última "moldura" do trabalho. A obra, que se espalhou pelo mundo num circuito paradoxal de retorno (*Caminhando*), quer agora, através de uma enorme metonímia, voltar-se para dentro do espectador-autor, acessar o lago cego das primeiras sensações em que os sentidos ainda não se separaram uns dos outros, a história não nasceu, o social e o natural adormecem juntos. A ação do espectador deve assumir o que antes, na poética dos *Bichos*, negava — seus aspectos passivos. A ele cabe dormir, babar, cheirar, grunhir, abrir-se enfim ao que já traz dentro de si. Se os *Bichos* compunham uma espécie de modelo para armar, algo agora deve ser *desarmado*. Trata-se de uma pedagogia às avessas, que em vez de ensinar a ler e a controlar o esfíncter (e, no limite, a morrer), quer ensinar a ouvir as entranhas e, literalmente, a nascer. Em vez de conduzir-nos a certo patrimônio cultural comum e aos rituais de travessia das idades, transformando a criança em adulto, a pedagogia de Lygia Clark caminha ao contrário e quer ensinar-nos o *feto*. É ele, afinal, o ponto culminante do circuito de Moebius.

4. Terteão — Graciliano Ramos

> *"Começamos oprimidos pela sintaxe e acabamos às voltas com a Delegacia de Ordem Política e Social"*
> (*Memórias do cárcere*, 1953).

O menino mais novo teve uma ideia e apresentou-a timidamente ao irmão. Será que aquilo tinha sido feito por gente? O menino mais velho hesitou, espiou as lojas, as toldas iluminadas, as moças bem-vestidas. Encolheu os ombros. Talvez aquilo tivesse sido feito por gente. Nova dificuldade chegou-lhe ao espírito, soprou-a no ouvido do irmão. Provavelmente aquelas coisas tinham nomes. O menino mais novo interrogou-o com os olhos. Sim, com certeza as preciosidades que se exibiam nos altares da igreja e nas prateleiras das lojas tinham nomes. Puseram-se a discutir a questão intrincada. Como podiam os homens guardar tantas palavras? Era impossível, ninguém conservaria tão grande soma de conhecimentos. Livres dos nomes, as coisas ficavam distantes, misteriosas. Não tinham sido feitas por gente. E os indivíduos que mexiam nelas cometiam imprudência. Vistas de longe, eram bonitas. Cheios de admiração e de medo, falavam baixo para não desencadear as forças que elas porventura carregassem.[11]

Tirei esta longa citação de *Vidas secas*, de Graciliano Ramos, um retábulo quase medieval (a comparação é de Antonio Candido[12]) de cenas orquestradas

11 Ramos. Graciliano. *Vidas secas*. Cidade: Editora, ano, página.
12 "A sua estrutura de pequenos quadros justapostos lembra certos polípticos medievais, onde a vida de um bem-aventurado ou os fastos de um herói se organizam em unidade bastante livre". Candido, Antonio. *Ficção e confissão*. São Paulo: Editora 34, 1992, p.

pelo ciclo da chuva e da seca. Há nesta pequena cosmogonia todas as forças que animam a obra de Graciliano — um sossego anterior às palavras e aos nomes, um descanso de coisas que não foram feitas por gente, oposto às forças imprevisíveis que essas coisas, quando nomeadas, despertam. Esta luta "moebiusiana" atravessa toda a sua obra, e vale a pena realçar seu desenho.

O entrecho de *Vidas secas* é conhecido: uma família (Fabiano, Sinhá Vitória, dois meninos sem nome e a cachorra Baleia), fugida da seca, chega a uma fazenda em ruínas, ali encontra trabalho e permanece enquanto a chuva permite, pondo-se novamente a caminho quando a estiagem retorna. Além deste grande ciclo mesológico (presente a cada página, em especial no temor que as personagens têm dele), tudo retorna no livro, espécie de ruminação de uma única consciência coletiva espalhada na família, na cachorra, nas coisas todas. O que têm em comum é esta estrutura cíclica, tanto da natureza exterior quanto de suas mentes, de modo que o fluxo de consciência, em vez de singularizar a psicologia de uma personagem, volta-se curiosamente para fora, incluindo o real minucioso, que fala através dele. Trata-se, de fato, de uma espécie de consciência única, talhada por frases-retorno, obsessões, manias, temas que voltam e voltam, num curioso estilo livre indireto que, mais do que aprofundar o ponto de vista de uma personagem, quer habitar a região entre elas. Não de todo nascidas, parecem mergulhadas ainda umas nas outras, de modo que o espaço entre a onisciência do narrador e a particularidade de cada personagem, característica do estilo livre indireto,[13] é cosmogonicamente validado aqui. A narração passa de uma personagem a outra sem dificuldade, e por isso o capítulo sobre a morte da cachorra Baleia é tão natural — o narrador penetra no bicho como nos homens, sem que haja muita diferença entre eles. Há um *animismo* de fundo, uma partilha entre bicho, homem, clima e coisa, espécie de desgraça mútua que a todos irmana e contém, que influencia profundamente a voz narrativa.

Num ensaio já clássico,[14] Eduardo Viveiros de Castro chama a atenção para a singularidade do animismo indígena. Seguindo a trilha das análises de Lévi-Strauss sobre o mito no pensamento ameríndio,

---

13 "Graças ao estilo livre indireto, vemos coisas através dos olhos e da linguagem do personagem, mas também através dos olhos e da linguagem do autor. Habitamos simultaneamente a onisciência e a parcialidade". Wood, James. *Como funciona a ficção?* São Paulo: Cosac Naify, 2011, p. 24.
14 Viveiros de Castro, Eduardo. Perspectivismo e multinaturalismo na América indígena. In: ______. *A inconstância da alma selvagem e outros ensaios de Antropologia*. São Paulo: Cosac Naify, 2002.

que, numa definição geral, trataria da perda de um tempo em que homens e bichos seriam iguais, Viveiros de Castro conclui que, ao contrário da suposição da mitologia evolucionista moderna, não foi o homem que evoluiu do bicho (éramos todos animais e o homem evoluiu), mas o bicho que se diferenciou do homem (tudo era humano e os bichos perderam sua humanidade). "Os humanos são aqueles que continuaram iguais a si mesmos: os animais são ex-humanos, e não os humanos ex-animais."[15] Para o animismo ameríndio, tudo é humano, *mas não ao mesmo tempo*. Humano é aquele que se põe na posição do humano, aquele que ocupa, digamos, seu pronome — a onça, por exemplo, que pode devorar um homem, é quem está na posição humana ao atacá-lo, e sua vítima, longe de humana, vacilou (afastando-se de sua aldeia, digamos, sozinha ou possuída por maus pensamentos) e deixou-se tomar por comida de onça.[16] Se "Meu tio o Iauaretê" (1969),[17] conto de Guimarães Rosa em que a personagem transforma-se metonimicamente na

15 Ibidem, p. 355.
16 "Se a lua, as cobras e as onças veem os humanos como antas ou porcos selvagens, é porque, como nós, elas comem antas e porcos selvagens, comida própria de gente. Só poderia ser assim, pois sendo gente em seu departamento, os não humanos veem as coisas como 'a gente' vê." Ibidem, p. 379.
17 Guimarães Rosa, João. Meu tio o Iauaretê. In: ______. *Estas estórias*. Rio de Janeiro: José Olympio, 1969.

onça que descreve, presta-se sob medida para a análise desta ideia,[18] fico pensando se não há em Graciliano um outro acesso, também interessante. A fluidez do narrador em *Vidas secas* não vem justamente da capacidade de ceder sua voz — seu pronome?[19] E, de modo geral, sua obra ao mesmo tempo econômica e multifacetária não terá no caráter vacante do eu seu interesse principal? Chega a ser difícil aceitar que *Angústia* e *Vidas secas* sejam livros de um único autor. A morte da cachorra Baleia tira sua força dessa fresta, e é talvez o seu melhor exemplo. Tudo nela é humano, entendido aqui como o vivente capaz de definir seu próprio circuito. As preás, o céu de preás, a névoa descendo sobre ela têm a intensidade e a brevidade desta *posição*, que logo será ocupada por outro. É essa frouxidão pronominal[20] que põe a consciência enojada de

18 Segundo Viveiros de Castro, a personagem de Guimarães Rosa é "o único índio de verdade que jamais apareceu na literatura brasileira". Viveiros de Castro apud Sztutman, Renato (Org.). *Encontros com Eduardo Viveiro de Castro*. Rio de Janeiro: Azougue Editorial, 2008, p. 247.
19 Num comentário sobre o episódio da cachorra Baleia, em Vidas secas, Antonio Candido escreve que Graciliano "trabalhou como uma espécie de procurador do personagem, que está legalmente presente, mas ao mesmo tempo ausente". Candido, Antonio. *Ficção e confissão*, op. cit., p. 106.
20 "A humanidade é muito mais um pronome do que um nome." Sztutman, Renato (Org.). *Encontros com Eduardo Viveiro de Castro*, op. cit., p. 113.

Graciliano e dos narradores de Graciliano em contato com os seres e o mundo, acionando um resíduo encantado por trás do inventário minucioso do que há e do que é. Sem ela, talvez toda a sua obra tivesse ficado paralisada por uma espécie de repugnância consigo e com o mundo. Não é à toa que em seus livros pareça tantas vezes paradoxal que os narradores escrevam e que o próprio livro exista.

Imersa em sua espiral modorrenta, a família forma assim um indivíduo multifacetário, bastando-se. Há certa felicidade nesta dança das cadeiras descosida, em que todos vão aparecendo, sumindo, voltando, como o ciclo mesológico. Os pequenos impulsos para fora — o desejo de uma cama, a necessidade de ir à cidade, o desterro causado pela seca — é que perturbarão seu equilíbrio. Forças externas sacodem a fusão e a homogeneidade dos cinco retirantes, como Fabiano logo verá, ao ser pisado, e posteriormente espancado, pelo soldado amarelo (de quem não se vingará, quando tiver oportunidade). Tomando a obra de Graciliano como um todo, o principal instrumento desta perturbação será, de modo geral, a educação, e a alfabetização em particular.

Vale a pena transcrever, ainda que parcialmente, a longa lista de insultos à educação e à alfabetização em *Infância* (1945)[21] — "arma terrível"; "maldades grandes e pequenas, impressas e manuscritas"; "dever sonolento"; "venci as miseráveis dentais"; "aterrorizava-me a lembrança do exercício penoso"; "quando iam cicatrizando as lesões causadas pelo alfabeto"; "as letras renitentes iriam afligir-me dia e noite, sempre"; "papel ordinário, letra safada"; "desse objeto sinistro guardo a lembrança mortificadora de muitas páginas relativas à boa pontuação"; "desgraçada sílaba"; "eu embrulhava estupidamente a leitura"; "páginas detestáveis"; "desgraçado título"; "peguei com repugnância o antipático objeto" (o livro do Barão de Macaúbas) — culminando no adorável "Terteão", nome próprio tirado do ditado pedante, a ser decifrado na leitura, "Fala pouco e bem, *ter-te-ão* por alguém". Este Terteão é o próprio alfabetizado, na visão de Graciliano — uma forma de escrita pedante que, um pouco como D. Quixote na leitura de Foucault,[22] ganhou pernas e veio efetivamente ao mundo. O ensino do alfabeto, em Graciliano, é quase sempre uma cena de tortura.

21 Ramos, Graciliano. *Infância*. Rio de Janeiro: José Olympio, 1945.
22 "Ele próprio é semelhante a signos. Longo grafismo, magro como uma letra, acaba de escapar diretamente da fresta dos livros. Seu ser inteiro é só linguagem, texto, folhas impressas, história já transcrita." Foucault, Michel. *As palavras e as coisas*. São Paulo: Martins Fontes, ano. p. 63.

Em *Infância*, atravessa todo o livro uma luta entre um elemento dispersivo, um sono extenso, associativo e vago, espécie de leseira edênica, e um chamado à ordem, à lembrança (como o "onde está o cinturão?" com que o pai o espanca). A alfabetização é o instrumento desta passagem, deste ingresso no mundo concreto e definido dos nomes e dos homens. O narrador, no fundo, leva tudo a sério demais, acredita em tudo, como sua mãe, apavorada (como no samba famoso de Assis Valente) com o anúncio do fim do mundo pela revista mensal que lia, de olhos arregalados e pronunciando alto cada sílaba. *Infância* é uma decifração perigosa de signos, com o castigo iminente morando em cada pergunta. Aprender é submeter-se a uma astúcia (empregada pelo pai terrível para atraí--lo para a leitura). "Os melhores [mestres] que tive foram indivíduos ignorantes".[23]

A poesia sonolenta e dispersiva, anterior ao nome e à forma, como um arrasto horizontal que atravessa o livro, é antagonizada pela estrutura vertical, hierárquica, imposta pelos que podem, pelos que lêem, pelos que sabem. Ao éden associativo do narrador de *Infância* (e da família de retirantes de *Vidas secas*), opõem-se a educação e o conhecimento como formas

23 Ramos, Graciliano. *Infância*, op. cit., p. 126.

centrais do poder que têm alguns poucos sobre todos os outros. Este poder é a face secreta de cada hífen, vírgula, dental, bilabial. "Uma Lição de escrita", um capítulo de *Tristes trópicos*,[24] de Lévi-Strauss (escrito na década de 1940 e publicado em 1955 — contemporâneo, portanto, das obras de Graciliano que examino aqui), que descreve em termos bastante pessoais uma "cena de origem" da escrita, caracterizada como astúcia e mímica do poder, mostra total confluência com o ponto de vista de Graciliano.[25]

Claro que há também no livro uma força contrária — o encanto do menino que descobre a leitura (e que aparecerá, em toda a sua ambivalência e potência destrutiva, na personagem Madalena, de *São Bernardo*).[26] Atraída pela fábula, pelas histórias rocambolescas, esta força essencialmente evasiva parece capaz de criar janelas e trazer vento à arquitetura claustrofóbica que caracteriza o mundo dos narradores de Graciliano (o claustro de seu último livro — *Memórias*

24 Lévy-Strauss, Claude. *Tristes tropiques*. Paris: Plon, 1955.
25 "Olhemos mais perto de nós: a ação sistemática dos Estados europeus em favor da instrução obrigatória, que se desenvolve no correr do século XIX, vai de par com o serviço militar e a proletarização. A luta contra o analfabetismo confunde-se, assim, com o fortalecimento do controle dos cidadãos pelo Poder." Ibidem, p. (Vale lembrar que este capítulo é violentamente criticado por Derrida em *Gramatologia*. São Paulo: Perspectiva, 1967. p. 125-172.)
26 Ramos, Graciliano. *São Bernardo*. Rio de Janeiro: Record, 2011.

do cárcere,[27] (1953) — configura literalmente o que os demais já pressupunham). Mas se dá lenitivo, a leitura de romances não faz frente à opressão e violência. A alfabetização é essencialmente uma arma do tirano, como o bordão e a palmatória. E se tantos narradores de Graciliano escrevem é ainda neste vetor de conforto, de analgésico, de acerto de contas consigo — de intervalo, em suma, diante da violência do real.

São Bernardo (2011[1934]) é neste sentido o mais profundo livro de Graciliano, aquele em que a educação e a alfabetização ganharão papel de destaque no próprio entrecho. Há uma consciência literária no narrador, desde a frase de abertura ("Antes de iniciar este livro, imaginei construí-lo pela divisão de trabalho"),[28] que chega às raias do inverossímil em pessoa tão bruta. O mundo para Paulo Honório (que aprendeu a ler na cadeia e de lá parece nunca ter saído) divide-se entre alfabetizados e analfabetos — ou, ao menos, entre aqueles que utilizam a literatura como evasão (romances) e os Terteões da vida, que a utilizam como instrumento de mando e de opressão. É esta divisão que arruinará sua vida, ao colocar dentro de casa (e apaixonar-se por) uma professora, re-

27 Ramos, Graciliano. *Memórias do cárcere*. Rio de Janeiro: José Olympio, 1953.
28 Ramos, Graciliano. *São Bernardo*, op. cit., p. 1.

presentante dileta do primeiro grupo ("Eu narrava o sertão. Madalena contava fatos da escola normal.").[29] Madalena é a antipropriedade e a antiprodutividade juntas, e não apenas por não se adequar à lógica da avareza e da produção milimétricamente enxuta e regrada. Ao abrir um novo campo de signos, que Paulo Honório não domina, ela inverte de uma só vez todo o jogo vital de seu marido, transformando o dono de S. Bernardo, primeiro, num completo despossuído (não é isso o ciúme?) e, em seguida, após o seu suicídio, num completo vadio ("E cruzei os braços").[30] Essa inversão absoluta é o grande tema do livro, e tem na alfabetização a sua espinha dorsal.

Todo o ciúme de Paulo Honório tem por matriz a tentativa desesperada de ler, de entender o que Madalena escreve: "Comecei a mexer-lhe nas malas, nos livros, e a abrir-lhe a correspondência";[31] "[...] via embaixo um pedaço de escritório, uma banca e, sentada à banca, minha mulher escrevendo";[32] "Deixa ver a carta, galinha"; "Mostra a carta, perua".[33] A linguagem de Madalena é improdutiva e ambivalente, co-

29 Ibidem, p. 158.
30 Ibidem, p. 212.
31 Ibidem, p. 164.
32 Ibidem, p. 183.
33 Ibidem, p. 165.

metendo a imprudência de "desencadear as forças" terríveis que têm as coisas nomeadas, como temiam os dois irmãos no trecho de *Vidas secas* que citei no início. "O que eu dizia era simples, direto, e procurava debalde em minha mulher concisão e clareza. Usar aquele vocabulário vasto, cheio de ciladas, não me seria possível."[34] E mesmo em terreno conhecido, o que Madalena dizia acenava à possibilidade de um mundo distante da produtividade, da propriedade, da reprimenda do relógio.[35] "E se ela tentava empregar minha linguagem resumida, matuta, as expressões mais inofensivas e concretas eram para mim semelhantes às cobras: faziam voltas, picavam e tinham significação venenosa".[36]

"Ocultar com artifícios o que devia ser evidente!",[37] este o grande perigo representado por Madalena. Pois, diante do artifício, Paulo Honório transforma-se num... leitor. Como todo ciumento, vê o mundo como uma produção incessante de signos que efusi-

---

34 Ibidem, p. 182.
35 João Luiz Lafetá chama a atenção para este aspecto do livro: "a marcação obsessiva do tempo, cronometrado com precisão pelo narrador, delimita as ações de forma clara e — no caso — produz um efeito de crueldade".Lafetá, João Luiz. *O mundo à revelia*. In: ______. *A dimensão da noite*, São Paulo: Duas Cidades/Editora 34, 2004. p. 78.
36 Ramos, Graciliano. *São Bernardo*, op. cit., p. 182.
37 Ibidem, p. 185.

vamente dirigem-se a ele — do pio da coruja às cartas de Madalena que a velha Margarida levaria sabe Deus a quem. A potência de Madalena, assim, não é tanto erótica, mas poética. Ela abre o possível do mundo muito além da força de vontade férrea de Paulo Honório, multiplicando-o, não tanto com o desejo que desperta, mas com a ambivalência e a improdutividade, com a "falta de medida" que imprime a tudo aquilo em que toca. E quando literalmente dirige-se a ele, como na carta de despedida que voa magicamente até suas mãos, Paulo Honório *não consegue ler* o que tem diante dos olhos ("Diabo! Aquilo era trecho de carta, e de carta a homem. Não estava lá o nome do destinatário, faltava o princípio, mas era carta a homem, sem dúvida"[38]). O princípio era ele, o destinatário era ele, o homem era ele. Madalena, na conversa mansa que têm antes de seu suicídio, recusa-se a esclarecê-lo sobre isso, transformando-o no sujeito ausente de sua própria existência. Tudo ainda é seu, mas ele mesmo já não está ali. Quando, depois da morte dela, pode ler a carta inteira e descobre a quem ela se dirige, já não tem importância nenhuma ("Li-a, saltando pedaços e naturalmente compreendendo pela metade"[39]). Frase

38 Idem.
39 Ibidem, p.

que poderia (agora, ao final do livro) definir sua vida como um todo.

Mas algo fica para Paulo Honório da morte de Madalena: uma insuspeita *passividade*. O mundo vai desabando ao seu redor ("Entrei neste ano com o pé esquerdo"; "O resultado foi desaparecerem a avicultura, a horticultura e a pomicultura"[40]), as dívidas crescendo, as cercas avançando, e a isso tudo o narrador responde com inépcia inédita ("Me invadiu uma grande preguiça"[41]). O livro é a colheita dessa inépcia — a atividade do narrador transfere-se da fazenda para o livro, o presente da enunciação une-se enfim ao presente do enunciado,[42] num tristíssimo acerto de contas consigo. O *self-made man* em versão alagoana, fundador agreste de um capitalismo tenso, violento e produtivo, unindo trabalho próprio infindável e exaustivo, exploração da vida alheia e concessão sob medida ao poder político local, é transformado numa espécie de Padilha, o humilhado antigo proprietário de S. Bernardo, dado ao ócio e à pândega, mas agora em versão deprimida e autoconsciente.

Se há em todo Graciliano uma felicidade analfabeta que a própria existência do livro que se lê contra-

<hr>

40 Ibidem, p. 211.
41 Ibidem, p. 192.
42 Lafetá, João Luiz. *A dimensão da noite*, op. cit., p. 97-98.

diz, em *São Bernardo* esse movimento é explicitamente tematizado. Mas com uma volta a mais no parafuso. A alfabetização de Madalena, avançada, ociosa e poética, corrói por dentro o jogo minucioso das medidas, dos prós e dos contras que caracteriza o analfabetismo, ou alfabetização de cadeia, de Paulo Honório. Aqui, não é a quietude das coisas o oposto do alfabeto (como em *Infância* ou *Vidas secas)*, mas a produtividade cega (ela também desencadeadora perigosa das "forças que as coisas porventura carregassem"). O semianalfabeto Paulo Honório está do lado do bordão, e a alfabetizada Madalena do lado da quietude.

A literatura, assim, na versão Madalena, desperta o perigo dos nomes para abrir um mundo novo de ambiguidades, pios de coruja, paus d'arco com flores, num retorno às brumas dos primeiros capítulos de *Infância.* A quietude extraordinária da conversa entre Madalena e Paulo Honório na igrejinha, uma das mais lindas cenas da literatura brasileira, vem dessa ambivalência do signo, que diz mais do que parece dizer, e com a qual Paulo Honório entrará agora em contato definitivo e brutal — pois é já como defunto que Madalena conversa, sem que Paulo Honório consiga perceber. Parecem, no entanto, juntos afinal, como nunca antes no livro. Ela, por ter desistido de escrever (já escreveu, deixou a carta para ele em sua cômoda);

ele, por ter desistido de ler. A ambivalência fechou-se. Ela vai "descansar um pouco" (morrer) e ele cai num sono "embrulhado e penoso".

"O relógio tinha parado, mas julgo que dormi horas". "Quando cheguei em casa, o sol já estava alto".[43] Aqui começa de fato o livro de Paulo Honório, o livro que lemos, distante de qualquer "divisão do trabalho" — no momento em que o relógio quebra. As "negociações com gente que grita", o assassinato do vizinho depois de uma visita para averiguar se corria o risco de ser ele próprio assassinado, a avareza como mensuração minuciosa e implacável do real, tudo cede passo à consciência exaustiva, depositada em cada detalhe, de que o livro afinal é portador — estilisticamente portador. O narrador, que não mais amealha riquezas, amealha agora concisões, precisão vocabular, ausência completa de efeitos de linguagem — sua avareza transferiu-se ao estilo, unindo, assim, naquilo que lemos, o binômio cindido para o qual Antonio Candido chamou a atenção: a *ficção*, vista como forma, com os recursos de quem aprendeu afinal, num sentido bastante pleno, a ler e escrever, e a *confissão* de quem teve acesso à vida antes e independentemente disso.

43 Ramos, Graciliano. *São Bernardo*, op. cit., p. 193.

A inverossímil clareza literária do narrador ganha explicação assim numa espécie de súbita reversão pós-Madalena, que tudo tomou e agora tudo devolve, em que a *divisão do trabalho* com que o livro se abre (motor da existência de Paulo Honório) cede passo à *unidade da consciência* arrasada, que formaliza e impulsiona o texto que lemos. A visão absolutamente negativa da educação e da alfabetização inverte-se, assim, subitamente (e a personagem de Madalena é esta inversão posta ao longo do livro), nesse movimento profundo que nós, leitores, tínhamos debaixo do nariz desde o início e que não sabíamos ler: o nascimento paradoxal do escritor. Se, em sua primeira existência, Paulo Honório aprendeu a ler na cadeia "para não ser enganado", agora escreve, como nas "propostas" de Lygia Clark, para aprender a nascer. O livro — no qual a consciência de Paulo Honório parece una e voltada para dentro — pode ser visto, assim, como uma longa carta a Madalena.

É assim que, mesmo numa poética do concreto, extremada e antirretórica, como a de Graciliano, uma luta entre repouso e atividade, entre ato e sono, parece tomar lugar. Na passagem entre o analfabetismo (o sono, o descanso do que não tem nome) e a alfabetização (a ação que desperta perigosamente as coisas), Graciliano deposita recorrentemente uma luta agônica, inevitável e sem solução, de que o texto de *Vidas secas*, que citei no início, dá um panorama geral. Uma espécie de desgosto pelo resultado do agir imprime a seus livros um pessimismo espalhado que o torna parente de Goeldi e de João Cabral e em tudo contrário a este grande alfabetizado que é João Guimarães Rosa e seu doutor, deputado, advogado de si mesmo e jurista em ato — Zé Bebelo. Mas, para o que nos interessa aqui, o importante é que o elemento propulsor, o próprio texto que se lê, venha embrenhado em seu contrário, o repouso analfabeto. Este movimento em que a consciência histórica e política morde a cauda do próprio quietismo torna Graciliano um personagem decisivo no ciclo de Moebius que procuro descrever.

5. *Ah, come me diverto!* — Mira Schendel

O tema da escrita e da leitura, em que Graciliano projetou sua sensibilidade extremada para o sentido da injustiça, do poder e da violência, tem em Mira Schendel o seu reverso — tudo é leveza em seus estranhos alfabetos, que partem de uma curiosa indefinição entre signo e traço. As letras são quase linhas, ou as linhas é que são quase letras? E será que importa tanto a diferença — não estão nascendo os alfabetos, rasuras, caligrafias, em várias línguas ou quase línguas (italiano, francês, português, alemão), como extensões da mão, falanges, dedos, unhas com que Mira produzia suas monotipias, de modo a nos dar a certeza de que podemos ler todas elas? Não estão entranhados o alfabeto e a escrita em seus desenhos como os próprios traços nas folhas de papel de arroz, sugerindo uma espécie de alfabetização maluca, espalhada fisicamente por tudo? Para Mira Schendel, o corpo que desenha emite naturalmente signos, numa visão discreta, mas ainda assim um pouco mística, de que tudo pode ser *lido*.

Essa definição ampliada dos sinais, esse quase alfabeto que há nos traços e linhas, está no coração do seu trabalho — que aponta, no entanto, para um sentido de contenção e de pausa no fluxo prospectivo de sua época e dos trabalhos com que se media. Em meio às linguagens projetivas com que convivia, e sem fugir a elas, Mira chama a atenção para a plenitude e a preciosidade do que já é, do que já está. O que importa não é tanto levar as linguagens ao esgotamento e à renovação, mas ativar o mundo fenomênico imediato, tornando-o sensível e, no limite, legível. O vento que arrasta para frente é o mesmo que arrasa e destrói e, nesse sentido, com todas as diferenças (ausência completa de narração, por exemplo), acho que será com Klee que Mira conversará a vida inteira. O anjo que contempla a acumulação de ruínas às suas costas, do parágrafo famoso de Benjamin (pensando em Klee) nas *Teses sobre a filosofia da história* (1940), circunscreve também o horizonte poético de Mira Schendel, num alerta que a cultura plástica brasileira, essencialmente projetiva, tinha dificuldade de escutar. Há assim um movimento expansivo (tudo é signo, tudo pode ser lido) e outro de contenção, de resguardo.

Este elemento de resguardo é a folha de papel, o compensado, o anteparo, que Mira, mais do que trabalhar, parecia querer evocar e despertar; em outras palavras, um *campo* já pleno, a ser acionado por alguns poucos elementos discretos (as linhas, letras, traços, signos). Diferentemente daquele campo das xilos de Goeldi, criado pelo entintamento da matriz, aprisionador da luz, que o buril depois cinde e talha, fazendo vazar a luminosidade, o de Mira é anterior a qualquer ação. A artista parece projetar na mais humilde folha de papel de arroz uma plenitude tamanha que talvez fosse melhor não fazer nada com ela — sequer desenhar. O *vazio* atribuído ao trabalho de Mira por tantos críticos (e inclusive por ela mesma) parece antes a plenitude deste campo já *cheio*. Tudo o que for depositado nele deve servir apenas para acioná-lo, para mostrar sua autossuficiência, numa intrusão paradoxal. Vem daí a extraordinária fragilidade e delicadeza dessas monotipias. Parece que todo o indivíduo, para Mira, deveria estar ciente de que sua presença dá-se num campo fora de si mesmo, uma praça que existia sem ele, e que sua entrada serve apenas para revelar e despertar.[44] Cada desenho consome, assim, o tempo deste acionamento. Desenhar é achar a duração e o grau exatos de evidência desta presença intrusa.

Esta operação parece sempre próxima da falha e da afasia. Pois, no limite, se o campo recortado já está completo, se o indivíduo convocado deve apenas fazê-lo acontecer numa breve fosforescência, não seria melhor deixá-lo quieto? A resposta de Mira a esta questão quase ética será renovar a pergunta infinitamente — ou seja, desenhar. Daí a larga extensão de

44 "Certa vez, em Veneza, ela voltava para o hotel numa noite chuvosa e fria. A praça San Marco, encharcada, estava deserta, mas uma latinha de Coca-Cola, soprada pelo vento, se arrastava para lá e para cá. Mira gostava muito de contar esta história, meio maravilhada, e não é difícil entender por quê. Estão aí todos os elementos de seu trabalho: o campo vazio, mas pleno (a praça), e o indivíduo intruso, que o desperta (a latinha). Estão aí também a solidão de quem contempla a cena, a praça que a precedeu e que a sucederia, a noite, a umidade, o desamparo do elemento arrastado pelo vento, a desproporção entre a latinha industrial e a eternidade da praça, daquela praça. Está aí, ainda, o divertimento, que deteve sua caminhada e prendeu sua atenção." Ramos, Nuno. *Ensaio geral*, op. cit., p.

suas séries — perguntar de novo e de novo não é, afinal, responder? Cada trabalho de Mira repete estas perguntas: valeu? Ou acumulou ruína? O traço (ou caligrama, ou letraset) depositado ali no canto estará à altura desta folha de papel de arroz? Tornou-a mais visível e digna, merecedora de atenção? Fez por ela o que ela não saberia fazer sozinha — *comunicou-a*? A arte para Mira não é tanto a proposição de uma vida nova (como para Hélio Oiticica e Lygia Clark), mas um elogio sutil e decidido do real — aquele real que temos diante do nariz.

Há, assim, um horizonte de *divertimento* no trabalho de Mira que não pode ser perdido — aquele que recomeça a cada desenho, numa espécie de euforia sem alarde que aos poucos vai ocupando lugar em suas séries e subséries. Lembro-me de olhar estas pilhas infindáveis de desenhos em sua casa, naturalmente impressionado com a singularidade de cada um em meio a tantos. Mas havia mais do que isso naquele número absurdo de folhas fininhas sobrepostas: havia um tempo aprisionado que a palavra divertimento, no sentido pascaliano de descanso do pesadume metafísico, descreve bem. Não é este mesmo divertimento que mantém Shehrazade viva, noite após noite? Nas longas séries de Mira Schendel, há alívio e duração semelhantes. Sem propor-se nenhum grande passo, sem sair de sua escala breve e frágil (permanecendo na mesa de sua cozinha, onde costumava desenhar), é possível perguntar e perguntar, sem concluir nem pontificar.

Claro que esta pergunta não pode ser longa, nem vaidosa, nem mesmo muito presente — se possível, será muda e transparente ou, para usar o termo psicanalítico, flutuante. Devem ser vencidas a composição, a simetria, a perspectiva, as mais diversas astúcias da semelhança e da mimese. Desde os primeiros quadros de Mira Schendel, o indivíduo convocado quase retorna e se apaga no suporte, e por isso uma força estranha vinda da matéria ganha terreno em poética tão gasosa — para que o indivíduo tenha, literalmente, onde desaparecer. O elemento introduzido não deve criar qualquer *circuito interno* no campo da obra, mas sucumbir a ele, afundar nele, voltar a ele depois de tê--lo evocado — é nisto, neste jogo de afinação entre o indivíduo e o anteparo, que Moebius se faz presente. Basta comparar o trabalho de Mira com aqueles grandes trabalhos aos quais em algum sentido se assemelha, para perceber a diferença: em Burri, em Tapiés ou em Cy Twombly (como no mestre dos três, Miró), o garrancho está posto num anteparo sólido, trabalhado pelo cubismo, pronto para se abrir à infância das colagens ou à antropologia das evocações caligráficas.

Em Mira Schendel é a própria existência deste anteparo que se está, ao mesmo tempo, pondo em questão e evocando.

O trabalho de Mira pode assim ser visto como um adiamento infindável da força de retorno presente no circuito de Moebius. Pois, sem essa evocação, o campo dormiria, indiferente, e uma folha de papel de arroz ou um retângulo de pó de tijolo moído seriam apenas o que parecem ser: lugares neutros, sem vida nem nome. O pequeno triângulo dourado faz o campo nascer e, se acaba por submeter-se a ele, quer também irradiar sentido — ser *lido*. O triângulo é também um signo, um nome possível, o pólen portador da vida que se multiplica a cada desenho. A atividade do elemento individual, se ajustada à intensidade e geometria do campo, transmite-se a ele por contágio — e pode então passar de traço a letra. Uma vez ajustados ao campo, os elementos multiplicam-se fertilmente; podem variar, sem medo agora (por isso, apesar de toda a contenção e discrição, Mira é uma artista essencialmente profícua) — o passo seguinte não será produzir linguagem, grafada em algodão, acrílico, pó de tijolo, papel de arroz? O elemento que desperta o campo acaba facilmente por produzir escrita, alfabeto, possibilidade de leitura. Neste campo agora dominado, oferecido à marca de nossas unhas, ao peso de nossa mão, à grafia de nossas palavras, os elementos tornam-se bastante físicos e imediatos, transmitindo-se sem esforço, passíveis de leitura em qualquer língua, como se conhecêssemos todas elas.

*

Vale a pena lembrar o raciocínio de Leroi-Gourhan em seu livro *O gesto e a palavra* (1964-1965).[45] Para o autor, a evolução fez separarem-se nos antropídeos as funções da mão e da face — liberadas parcialmente da preensão (a face) e da movimentação (as garras), desenvolveram cada qual sua potência. Linguagem sonora no caso da face, gestual no caso da mão, voltada de início à criação de utensílios. "Pouco antes da aparição do *homo sapiens*, a mão se iniciava em seu papel de criação de um modo de expressão gráfica, equilibrando a linguagem verbal".[46] As linguagens oral (*phoné*) e escrita são independentes, portanto, convivendo sob forma coordenada e não subordinada — ao contrário da cena de *Tristes trópicos* que citei anteriormente, a boa linguagem oral não precede aqui a astuciosa escrita. Ao contrário:

45 Leroi-Gourhan. *O gesto e a palavra.* Lisboa: Edições 70, 1964-1965.
46 Ibidem, p. 208.

"desde o princípio, fonação e grafismo têm o mesmo objetivo".[47]

O raciocínio de Leroi-Gourhan passa por cima também de qualquer oposição figurativo *versus* abstrato. Se os mais antigos sinais de que se tem notícia "parecem ter exprimido primeiramente os ritmos e não as formas",[48] a figuração em breve faria parte da escrita, correspondendo a uma visão mais totalizante do mundo. É apenas conforme a escrita entra na era da "técnica" (agricultura, notação de estoques, organização de poder mais centralizado) que o solo contagiante entre linguagem escrita e figura vai secando e os signos tornam-se lineares, ordenados, eliminando "o halo de imagens associadas que caracteriza as formas arcaicas de escrita".[49]

Acho que esta visão da mão como emissora autônoma de signos, independentemente da linguagem oral, e livre ainda da tentação figurativa, diz respeito ao trabalho de Mira Schendel. Ali, a escrita devolve aos signos fonéticos o mesmo estatuto de seus primos — traços, pontos, círculos —, e mesmo a similitude que mora em suas maçãs e potes parece se oferecer à leitura ao mesmo tempo em que representa um objeto.

47 Ibidem, p. 193.
48 Ibidem, p. 190.
49 Ibidem, p. 210.

Essa autonomia da escrita depende fortemente, neste caso, da presença assombrada do campo de onde se partiu — é porque os dois momentos estão fortemente unidos que ela ocorre. Antes de ser lido, o elemento pertence àquela folha de papel de arroz, retorna a ele. Mas, justamente por isso, é possível lê-lo livremente. Quando, em uma de suas monotipias, Mira escreve "ah, come me diverto!" não é *na volta* que lemos o que escreveu (na volta de um percurso para dentro do papel, voltando de lá)? Não é ao cabo desse percurso que emite, afinal, sua mensagem discreta (estou me divertindo)? Quem se diverte não pediu licença à trama fina e dissolvente do papel de arroz para se divertir? Da mesma forma, em Altamira ou em Lascaux, a ordenação dos animais nas paredes das cavernas precede a representação de cada um deles — a caverna vem antes do bicho, oferecendo uma gramática topológica que converte bisões e elefantes em signos.[50] Não seria curioso descobrir no trabalho de Mira uma espécie de paleolítico contemporâneo?

*

50 "Um dos fatos mais surpreendentes no estudo da arte paleolítica é o da organização de figuras nas paredes das cavernas. O número de espécies animais representadas é pouco elevado e as suas relações topográficas são constantes". Ibidem, p. 195.

Falei em proficuidade, falei em euforia, tentei entender os signos de Mira Schendel como autonomia da escrita diante da fala, mas não gostaria de perder de vista o polo silencioso de seu trabalho. Não há cor nessas vogais. Os traços consomem a frase que sussurram no próprio circuito em que navegam — o do retorno moebiusiano ao suporte do qual se partiu, de modo que o resultado de tantas letras, pontos, parênteses e vírgulas é uma leitura não discursiva e quase muda, um anti-Terteão cuja gramática se resume à frágil folha branca em que fisicamente se apoia. Nisso, apesar de tão distantes, pode-se unir Mira Schendel e Graciliano Ramos, como também Oswaldo Goeldi, Paulinho da Viola e João Cabral de Mello Neto — numa certa anemia do que neles é ativo, na ausência de assertividade, no pertencimento de seus atos a um solo que os retém e anula. São, todos, artistas essencialmente antirretóricos (ao contrário de Euclides da Cunha, Guimarães Rosa, Glauber Rocha ou Caetano Veloso), desconfiados da potência da linguagem que utilizam e procurando olhar com distância para os projetos que lhes foram oferecidos ou que encontraram sozinhos. Não é tanto pela força de um paradoxo (deparar involuntariamente com a pausa no ato, o dentro no fora, o retorno no impulso, como em Lygia Clark ou Helio Oiticica) que entraram no palácio de

Moebius, mas atraídos pelo silêncio de seus quartos vazios. O circuito de retorno a que pertencem não contraria propriamente a matriz profunda de suas obras, agregando-se a elas em harmonia. São, assim, artistas da pausa, tendo no centro de suas visões de mundo uma promessa de repouso, e mesmo certa pergunta nunca respondida — se é tão perigoso agir, *para que afinal produzir?* Em vez de compor, não seria melhor consertar infindavelmente o mesmo carro velho (como Paulinho da Viola às vezes parece ter concluído)? Curiosamente, se para o trabalho de um artista como Hélio Oiticica (e para boa parte da vanguarda moderna), o limite, desejado e temido, é a vida coincidir de fato com a obra, furando o tule dos penetráveis, nesses artistas que menciono aqui o limite é a obra não valer o peso da própria existência — ainda que tenha a leveza de uma folha de papel de arroz.

cadernos
ultramares